REVUE RÉTROSPECTIVE

DES

PRINCIPAUX FAITS

INNOVATIONS

ET

ÉVÉNEMENTS ACQUIS A L'HISTOIRE

DEPUIS

LE RÈGNE DE NAPOLÉON III

PAR

J.-M. DUBEUF

Voyageur de commerce

AUTEUR DU MANUEL A L'USAGE DES DÉBITANTS DE BOISSONS

Prix : 60 centimes

CAEN

Chez MM. Emile ALLIOT et Cᵉ, Libraires, rue Saint-Jean, 2

JUILLET 1866

REVUE RÉTROSPECTIVE

des

PRINCIPAUX FAITS

INNOVATIONS ET ÉVÉNEMENTS

ACQUIS A L'HISTOIRE

DEPUIS LE RÈGNE DE NAPOLÉON III

L'instruction s'étant révélée successivement comme la base de tout édifice politique solide, le brave paysan, l'homme de la campagne, pour lequel nous écrivons plus spécialement cette petite brochure, ignore trop souvent, préoccupé qu'il est de ses affaires, les grandes améliorations sociales qui s'opèrent chaque jour dans son intérêt particulier, comme dans celui de la société en général. Eh bien! notre but, en passant en revue les principaux faits et événements acquis à l'histoire, de même que les principales innovations accomplies depuis l'avènement au trône de Napoléon III, et que nous croyons devoir mettre sous les yeux du lecteur qui, croyons-le, nous en saura gré, est de faire connaître, par une relation sommaire, toute la sollicitude de l'Elu du peuple, dont il s'efforce incessamment d'améliorer le sort, secondé par sa digne et bien-aimée compagne qui, par son inépuisable bienfaisance, a acquis tous les cœurs sur tous les points de la France.

Sans doute, notre travail n'est qu'un bien pâle reflet de ce que des écrivains plus éclairés, plus compétents, eussent pu faire ; mais que l'on ne voie ici que la sincérité de notre but, que nous nous proposons de faire connaître, en faisant répandre dans nos voyages, à profusion, ce résumé sommaire et historique de la politique impériale, lequel sera lu au coin du feu, dans la chaumière du brave citoyen, qui n'a pas le loisir de lire beaucoup, et, par suite, ne peut se rendre compte des progrès accomplis, dans tous les services publics, par le gouvernement démocratique de l'Empereur (1).

L'Empire, a dit avec une grande justesse M. le duc de Persigny, « est une expression des besoins, des sympathies, des intérêts des masses, et avant de rallier à lui toutes les forces vives de la nation, c'est dans la chaumière du peuple qu'il a été enfanté, » comme le pressentait si bien Louis-Napoléon, alors en exil, lorsqu'il disait : « Mes vrais amis ne sont pas seulement dans les palais, mais aussi sous les chaumes. »

A l'inverse de tous les monarques, ses prédécesseurs, Napoléon III n'a pas voulu que la Constitution sortît, des mains du législateur, *parfaite*, la lettre ne devant pas se pétrifier quand les choses sont progressives ; il l'a voulu *perfectible* et *modifiable*, suivant le progrès du temps.

Quoi de mieux ; le suffrage universel maintenu dans toute sa plénitude , avec l'extension la plus large possible , composé aujourd'hui de près de dix millions d'électeurs votant au scrutin secret.

Nous possédons, de tous les peuples libéraux européens, la loi électorale la plus étendue en droits politiques, puisqu'il suffit, pour être électeur, d'avoir vingt-un ans accomplis, six mois de domicile et ses droits de citoyen, *sans condition de cens*, tandis que , dans les autres pays, on y trouve partout un *cens*, ce qui est, pour ainsi dire, systématiquement le principe exclusif des classes ouvrières à la loi électorale.

Quand tous les citoyens-électeurs connaîtront les notions élémentaires que la loi accorde, et qu'en bons citoyens ils doivent savoir, on ne verra plus ces anomalies choquantes dans les élections, à propos de la différence du choix des candidats, et qui existent par le vote de la ville et celui de la campagne pour la même circonscription électorale. Et alors, il ne sera plus possible, comme dans de certains précédents, de reconnaître les partisans de l'opposition parmi ceux du Gouvernement.

(1) Dans peu de temps, nous aurons encore l'honneur de mettre sous les yeux du lecteur un autre travail, dont nous prenons ici titre, intitulé : *Manuel politique du Citoyen français*, où se trouveront réunies les diverses lois électorales établies en France, depuis le Conseil municipal jusqu'au tribunal des Prud'hommes, la Constitution et ses modifications, la loi sur la Régence et les principales attributions des grands corps de l'Etat, nommés par l'Empereur, mais surtout par les élections ; toutes choses bonnes à avoir sous la main pour les consulter à l'occasion.

Si, maintenant, nous nous reportons en arrière, avec l'histoire en mains de la grande famille populaire de notre chère France, à travers les âges, que nous suivions pas à pas, de siècle en siècle, la marche *lente* du progrès, nous verrons, lecteur, qu'il n'a pas été *une réforme religieuse, politique et sociale, que nos pères n'aient été forcés de conquérir au prix de leur sang, de leur martyre, et par l'insurrection.*

Oui, l'histoire est là pour nous l'apprendre ; les améliorations sociales, qui sont la victoire de l'esprit démocratique des générations, mettent des siècles à sortir de leur incubation. Ce sont les martyres politiques versant leur sang pour l'émancipation sociale de l'humanité, depuis le Crucifié du Golgotha jusqu'à nos jours, qui ont déchiré le vieux droit politique enveloppé dans cette toile d'araignée tissée, de siècle en siècle, par la théocratie pharisienne.

C'est au dix-neuvième siècle qu'appartient la gloire des plus grandes améliorations sociales élaborées par les géants politiques de la fin du dix-huitième.

Nous devons donc rendre grâce à Dieu, et un vif témoignage de gratitude à Napoléon III, pour cette consécration définitive de nos libertés et droits politiques inscrits dans la Constitution, laquelle garantit les grands principes de notre immortelle révolution de 89, de même que la libre accessibilité de toutes les capacités à tous les emplois.

*
* *

Avec le suffrage universel, comme le dit encore M. le duc de Persigny, « c'est la nation tout entière qui, maîtresse d'elle-même, ne peut être dominée, ni violentée, ni corrompue par personne, chaque électeur n'ayant à rendre compte de son vote qu'à Dieu et à sa conscience. » Par conséquent, plus de révolutions en France, car l'excellence de la souveraineté populaire, c'est de rendre impossible une révolution ; attendu que si le Gouvernement vient à être en désaccord avec le pays, le pays lui envoie des mandataires qui lui transmettent ses vœux, ses désirs et ses besoins.

C'est précisément ce qui fait la force du pouvoir impérial, issu du suffrage universel, qui a ses racines dans les profondeurs du sol, et que c'est là qu'il va chercher la sève de sa vie par les élections.

En définitive, c'est la nation maîtresse d'elle-même, qui, par ce moyen, fait acte de souveraineté, et par ce fait, c'est par elle qu'elle se fait gouverner avec la plénitude de son intelligence et de sa liberté.

*
* *

Napoléon III est non-seulement un *grand politique*, mais encore un grand *démocrate*, ce qui est plus précieux pour le bonheur du peuple , car, tout ce qu'il a été possible de prendre et d'exécuter dans les anciens projets démocratiques, en institutions de crédit, a été pris et établi, témoins ces deux belles administrations du Crédit foncier et du Crédit mobilier, qui rendent d'immenses et incontestables services. Tout ce que des écrivains sérieux avaient conseillé de créer relativement à des sociétés de secours mutuels (sociétés que les précédents gouvernements ne voulaient pas) ; caisse de retraite pour la vieillesse ; hôtel des Invalides pour la classe ouvrière nécessiteuse et ayant bien mérité par sa conduite ; cités ouvrières ; réformes des logements insalubres ; exemption de l'impôt mobilier aux petits ménages ; médaille militaire ; augmentation progressive des appointements de tous les employés des administrations civiles et militaires, eu égard à celle des vivres ; abolition de ces maisons interlopes de remplacement militaire, et création d'une caisse dite de dotation de l'armée, où sont versées les sommes provenant de l'exonération du service militaire, comme en sont retirées celles à payer aux engagés ou réengagés au service ; caisse de retraite pour les prêtres pauvres ; maison d'éducation pour les filles des militaires médaillés ; orphelinat du prince Impérial, où se trouvent placés des enfants devenus orphelins, sans fortune ou abandonnés, que cette institution a recueillis et adoptés ; défrichement des marais improductifs et infects dans toutes les parties de la France. Tous ces désirs, qui avaient été en partie exprimés par de grands écrivains, disions-nous, ont été exécutés ou sont en train de l'être, et par une puissante volonté, ont dépassé de beaucoup en progrès les limites mêmes de leur tracé ; sans compter une foule d'autres réformes qu'il serait trop long d'énumérer.

On peut dire, sans être taxé d'exagération, qu'il n'a pas été jusqu'ici un monarque ayant autant fait pour les classes travailleuses : témoin encore l'institution du *prêt au travail* qui, sous le patronage direct du prince Impérial et de Sa Majesté l'Impératrice, a pour but, au moyen d'une faible cotisation annuelle, fournie mensuellement, de faire concourir les *riches* et les *travailleurs* au secours commun de la nécessité impérieuse.

Cette institution, qui est encore à ses débuts, est, à notre point de vue, la plus démocratique entre toutes ; en ce sens, que les enfants, sans exception, qui en font partie, concourent tous au soulagement de leurs frères les déshérités de la fortune, en leur procurant les outils du travail, qui leur faciliteront à leur tour le bien-être.

Par la suite du temps et du progrès, il arrivera un jour où tous les enfants des deux sexes de la France seront inscrits dans la matricule de cette belle institution, qui contribuera, sans aucun doute, à la complète extinction du paupérisme ; et cela, par le mouvement que l'opinion démocratique a eu, a, et aura l'honneur de provoquer, lequel mouvement, bon gré mal gré, fera aboutir à de bons résultats, en étendant à toutes les classes du peuple le bienfait de l'instruction et de l'éducation, et préparera les nouvelles générations à l'exercice des droits et des devoirs de la vie.

*
* *

Nous n'avons pas, de prime abord, coopéré à la formation de l'Empire, que nous envisagions sous un autre point de vue ; mais en présence des belles choses accomplies depuis son avènement, nous nous sommes rallié à lui, et, comme l'éminent orateur de la Chambre législative, M. Emile Ollivier, nous adhérons à sa maxime quand il déclare : «Nous ne voulons pas *tout ou rien*; *à chaque jour suffit sa peine.* »

Victor Hugo, le grand et illustre poète qui appartient à la France, quand même, et dont elle s'honore, a dit à ce propos : « Rien ne doit être absolu dans les choses politiques, excepté la moralité intérieure de ces choses ; or, cette moralité est affaire de conscience et non d'opinion. »

L'opinion d'un homme peut donc changer honorablement, pourvu que sa conscience ne change pas. Seulement, ce qui est honteux, c'est de changer d'opinion brusquement pour ses intérêts.

Au fur et à mesure que le progrès marche, que le monde change et que l'appréciation change aussi, l'homme sincère modifie sans cesse ses opinions.

Qu'importe après tout que ce soit un Président ou un Empereur qui soit à la tête du gouvernement, du moment que c'est l'élu de la nation et l'homme du progrès? Par conséquent, d'une liberté sage et modérée, nous devons donc nous rallier à lui et le servir avec dévouement.

D'ailleurs, Napoléon III n'a-t-il pas fait dire par son ministre de l'intérieur d'alors, le duc de Persigny, ces mémorables et éloquentes paroles qui resteront des plus belles, comme histoire, s'adressant aux préfets :

« Beaucoup d'hommes distingués des anciens gouvernements, « tout en rendant hommage à l'Empereur, pour les grandes choses « qu'il a accomplies, se tiennent encore à l'écart par un sentiment « de dignité personnelle; témoignez-leur les égards qu'ils méritent, « ne négligez aucune occasion de les engager à faire profiter leur

« pays de leurs lumières et de leur expérience, et rappelez-leur
« que s'il est noble de conserver le culte des souvenirs, il est encore
« plus noble d'être utile à son pays. »

Nous ajoutons qu'il n'était pas possible aussi de faire un plus noble appel aux intelligences du pays.

* *

Si nous regardons autour de nous, lecteur, que voyons-nous? Des villes assainies et transformées en brillantes cités, depuis la plus grande jusqu'au plus petit bourg; les églises restaurées, reconstruites ou augmentées, selon les besoins du culte; l'agriculture protégée et secourue de toute façon, mais surtout au moyen de nombreuses primes d'encouragement, lesquelles stimulent le progrès d'une manière rapide, par la concurrence aux concours multipliés dans les chefs-lieux de divisions régionales, de départements, d'arrondissements, de cantons, voire même jusqu'aux bourgs qui en font l'organisation et la demande.

Il a été aussi établi des instituts agricoles et des chambres d'agriculture, et, en ce moment, le gouvernement, profondément dévoué aux intérêts des classes agricoles, a pris l'initiative d'une grande enquête, embrassant toutes les contrées de France, afin de sonder les plaies subies par l'agriculteur, en y rapportant les remèdes ou les réformes nécessaires signalés par les hommes intelligents, expérimentés et distingués, choisis et nommés à cet effet.

Dans cette enquête, toutes les plaintes et souffrances locales comme les plaintes et souffrances générales, seront entendues et écoutées avec soin, pour en tirer tout le parti désirable, en recherchant les moyens d'améliorer la position des cultivateurs situés sur tous les points de l'Empire.

*

Disons deux mots du libre-échange, sagement protecteur, l'innovation la plus hardie et la plus radicale entre toutes de notre siècle, que jamais, jusqu'ici, aucun monarque n'avait osé prendre sur lui d'aborder, tant la question présentait d'entraves; et cependant, qui a fait et fera la richesse territoriale de la France. Car le libre-échange, comme le dit si bien M. Victor Borie, rédacteur dans le journal *le Siècle* : « C'est le triomphe de la vérité sur l'erreur, du progrès sur les préjugés, et de la liberté sur le régime des entraves et des prohibitions. » Eh bien ! c'est à Napoléon III, dont la sollicitude et la clairvoyance égalent le génie, à qui nous devons d'avoir pris cette initiative ; et, par la progression toujours croissante des échanges avec l'étranger, les recettes surpassent de beaucoup les anciennes avant l'épreuve ; recettes que l'on peut évaluer à 46 0[0 d'accroissement, suivant un récent discours au Sénat de M. le baron Dupin. Donc, aujourd'hui, l'expérience faite lui a donné raison envers et contre tous les détracteurs de cette immense innovation qui, si nous l'envisageons au point de vue philosophique, a une bien plus grande portée, en ce sens qu'elle prépare, pour un temps donné rapproché, la grande fraternité de tous les peuples. Aussi, voyons-nous déjà venir à nous toutes les nations marchant avec le progrès, demander des traités en conséquence et nous imiter dans leurs réformes douanières.

*
* *

Cependant, il ne faut pas se le dissimuler, nous venons de traverser une terrible crise commerciale, que la guerre d'Amérique nous a suscitée par le manque des matières premières tirées de cette contrée, et alimentant les fabriques cotonnières de notre pays, d'une part, et, de l'autre, la suspension de la fabrication des articles de soierie de nos grands centres manufacturiers, et dont ces circonstances, très-calamiteuses, avaient jeté sur le pavé une foule d'ouvriers sans travail, mais auxquels la sollicitude du gouvernement s'est empressée de venir en aide, secondée par des souscriptions générales sur tous les points de la France, de tous les patriotes aux cœurs généreux, venus aussi au secours de l'infortune.

Heureusement, et grâce à Dieu, cette cruelle guerre d'un peuple de frères s'est terminée à l'avantage de la démocratie par l'abolition de l'esclavage, et a mis ainsi fin à ces temps difficiles et à ces déplorables calamités.

Nous croyons remplir un devoir en disant ici deux mots de regrets à la fin prématurée du célèbre président des Etats-Unis d'Amérique, d'Abraham Lincoln. Son nom sera rangé au nombre des grands bienfaiteurs de l'humanité, par son ardente fermeté à la cause de la suppression de l'esclavage, et mort assassiné par les lâches partisans de l'esclavagisme, qui viennent enfin de succomber misérablement sous la volonté de fer des abolitionistes.

*
* *

Il faut ajouter encore, à la cause de malaise que nous venons de traverser, d'autres questions extérieures qu'on ne peut trancher en un jour, et que nulle personne au monde, ni puissance même, ne pourrait empêcher ; telle est, par exemple, la question romaine, qui a tant remué le parti clérical en France, en diatribes de toutes sortes, pour aboutir à faire connaître son impuissance, et *à payer de la plus noire ingratitude*, soit dit en passant, les bienfaits incessants que lui a fait Napoléon III depuis son avènement au pouvoir.

Qu'est-ce encore? Une excommunication générale de tous les Francs-Maçons, et cela en plein dix-neuvième siècle; bombe incendiaire d'essai qui a produit en France ce que produirait un coup d'épée donné dans l'eau, et qui n'a servi qu'à faire hausser les épaules de pitié, et à plaindre la pauvre *faillibilité* humaine.

L'illustre Renan a dit : « Le Père céleste n'excommunie que les esprits secs et les cœurs étroits. » Le Franc-Maçon est essentiellement philanthrope, progressiste et dévoué aux devoirs de la famille, comme à la solidarité envers ses frères, qui lui incombe par les statuts, lesquels lui enjoignent aussi de respecter les lois du pays qu'il habite, et il a pour devise : Liberté, égalité, fraternité !

Ce n'est donc pas à lui de craindre l'excommunication, qui s'est sans doute trompée d'adresse en chemin.

Heureusement, nous ne sommes plus au siècle où Pierre l'Hermite et autres prédicateurs de ces temps soulevaient des masses innombrables de pauvres ignorants et fanatiques par leurs prédications, pour les entraîner en Palestine, à leur perte, où ils périssaient, soit en route ou à leur arrivée, par la famine ou la peste.

Les guerres de religion, pas plus que les foudres de l'excommunication, que chacun le sache bien, ne sont plus de notre temps, grâce aux progrès et à nos immortelles révolutions.

Disons-le; le haut clergé, encore imbu des idées du moyen-âge, et uni à l'ultramontanisme le plus exalté, ayant rêvé un Empire exécuteur des volontés de l'Eglise, aida puissamment à son avènement; mais la lettre à Edgard Ney, et diverses autres brochures semi-officielles, se prononcent toutes en concluant pour la séparation complète des intérêts religieux et spirituels des intérêts politiques, et ce, au profit commun de l'Église et de l'Etat. Alors, le clergé et l'ultramontanisme, voyant leur beau rêve s'évanouir, ce fut dès ce moment que data le commencement de son antipathie marquée contre le régime impérial; antipathie qui, par notre concours donné à la guerre d'Italie, s'est changée en une haine implacable. Aveugle et sourd serait celui qui le nierait. Mais l'histoire est là pour raconter à la génération qui suit, que tous les gouvernements en France qui se sont reposés sur ce parti, pour gouverner, se sont aussi perdus; le nôtre, profitant de l'histoire et de ces leçons, et voulant continuer à vivre, préfère se reposer sur la démocratie; et il a sagement raison.

Quand la royauté temporelle du pape n'existera plus, et que celui-ci fonctionnera dans toute son indépendance spirituelle, comme aux temps où l'Eglise n'était pas unie à la royauté, alors, disons-nous, cette vénérable institution, dégagée de toute préoccupation gouvernementale temporelle, gagnera en prosélytisme, affection et dignité, au nom de la religion catholique, un prestige incalculable; autant et plus encore qu'elle en perd aujourd'hui en se cramponnant à *sa motte de terre* comme à son *non possumus*. Et l'humanité aura accompli un grand-acte dans les phases de sa vie.

Lorsque, en 1809, Napoléon Ier supprima le pouvoir temporel du pape Pie VII, dans une lettre, en date du 17 mai, adressée à son ministre des affaires étrangères, s'exprimant ainsi à propos des papes : « Si vous êtes les successeurs de Jésus-Christ, vous ne devez exercer d'autre empire que celui que vous tenez de lui, et son empire n'était pas de ce monde. » — Ensuite venait le décret de suppression dont nous extrayons les principaux considérants, encore tout palpitants d'actualité, pour les placer sous les yeux du lecteur :

« Considérant que lorsque Charlemagne, empereur des Français, notre auguste prédécesseur, fit donation de plusieurs comtés aux évêques de Rome, il ne les leur donna qu'à titre de fiefs et pour le bien de ces Etats, et que, par cette donation, Rome ne cessa pas de faire partie de son empire.

» Que, depuis, ce mélange d'un pouvoir spirituel avec une autorité temporelle a été, comme il est dit encore, une source de discussions, et a porté trop souvent les Pontifes à employer l'influence de l'un pour soutenir les prétentions de l'autre; qu'ainsi, les intérêts spirituels et les affaires du ciel, qui sont immuables, se sont trouvés mêlés aux affaires terrestres qui, par leur nature, changent selon les circonstances et la politique du temps.

» Que tout ce que nous avons proposé pour concilier la sûreté de nos armées, la tranquillité et le bien-être de nos peuples, la dignité et l'intégrité de notre empire, avec les prétentions temporelles des papes, n'a pu se réaliser, décrétons, etc., etc. »

Eh bien! oui, si Pie IX avait compris son époque et la transformation sociale qui s'opère chaque jour en Europe, en faveur du progrès, et que, spontanément, il eût fait abandon de son pouvoir temporel en s'unissant au mouvement populaire italien, il eût été incontestablement surnommé le Saint-Paul de la démocratie universelle de tous les pays, par tout le catholicisme chrétien, et, par ce fait, eût acquis une immortalité à tout jamais dans l'histoire.

Nonobstant, cette question, qui n'avait pas été envisagée par une foule de gens sous son vrai point de vue, fait maintenant d'immenses progrès et gagne beaucoup de terrain ; aussi finit-elle son temps.

Nous espérons que l'Empereur, avec sa grande sagacité, lui fera donner cette solution comme la plus heureuse.

* *

Par une grande guerre en Orient, en lui barrant le passage, nous avons rejeté la Russie au-delà du Danube. Cette nation barbare et envahissante s'est mise depuis lors, par son horrible conduite en Pologne, au ban des nations civilisées! Mais, patience et courage, infortunés frères, le jour n'est peut-être pas très-éloigné où nous verrons ressusciter votre malheureuse puissance! Puisse Dieu exaucer notre vœu, qui est aussi celui du peuple français.

Une autre guerre magnanime et également glorieuse a refoulé une autre puissance, l'Autriche, au-delà du Mincio, délivré un pays du joug étranger, et, par ce fait, aidé à se former une grande nation amie.

Lorsque éclata la guerre d'Italie, Napoléon III, n'écoutant que son cœur et voulant aussi sortir de l'ornière où s'étaient perdus Charles X et Louis-Philippe, eut la témérité et l'audace de résister aux sollicitations les plus intimes; il eut foi en son étoile et il partit.

C'est de ce changement dans le programme politique du gouvernement impérial que la démocratie, sur tous les points de la France, du fond du cœur, salua l'Empereur, à son départ pour l'Italie, de ses plus enthousiastes et chaleureuses acclamations, et que, par la main calleuse de l'ouvrier des faubourgs, accourus lui faire cortége des Tuileries à la gare de Lyon, fixée pour le départ, et lui presser la sienne, elle lui cria :

« Sire!

« Vous vous faites des nôtres; eh bien! nous sommes à vous! »

L'Empereur ne s'était pas trompé. Quelque temps après, Magenta, Solferino et Melegnano le couvraient de gloire, et l'Autriche, battue, penaude, se retirait derrière ses forteresses, dans la Vénétie, qui, bientôt, espérons-nous, ne lui appartiendront plus, pour compléter la grande unité italienne.

Dans de lointains parages, nos vaillants soldats, en ce moment, terminent une guerre pénible qui aura puissamment contribué à l'établissement de l'ordre et de la civilisation dans un pays totalement désorganisé, le Mexique, et dont la reconnaissance de ce peuple nous sera à jamais conservée, pour tous nos bienfaits civilisateurs, ainsi que de nos grands sacrifices.

Plus loin encore, d'autres de nos braves soldats, aidés de nations amies (l'Angleterre et l'Espagne), mettent à la raison des peuples à demi-sauvages, et créent dans ces lointaines contrées (Japon, Chine et Cochinchine) d'immenses débouchés pour notre commerce maritime.

*
* *

Notre drapeau est planté et respecté aux quatre coins du globe, et qui, suivant une belle expression de l'Empereur : « Représente partout la cause des peuples et de la civilisation. » Notre politique est à la tête de toutes les nations, avec un prestige sans exemple jusqu'ici.

C'est encore à Napoléon III que revient l'honneur de la proposition d'un grand congrès européen, à l'effet de faire régler par la diplomatie les différends existant entre les puissances de ce continent. Sage mesure faisant connaître celles de ces puissances qui, par leur acceptation, seraient nos alliées sincères, comme par le refus, celles sur lesquelles il ne faut pas compter, en un mot, les amies et les ennemies. Les masques étant ôtés, en effet, ne vit-on y souscrire que celles gouvernées par des hommes libéraux.

C'est depuis cette époque que transpire la source vindicative de l'autocratie orientale sur la démocratie occidentale, dans la personne de l'Empereur ; ou si l'on aime mieux, de l'autocratie-théocratique sur la démocratie progressive représentée par Sa Majesté Napoléon III ; personne ne s'y est trompé : mais nous le disons sans être très-perspicace, ce sera le droit nouveau issu de 89 qui triomphera sur le droit ancien, dans le grand choc inévitable qui se prépare, seul moyen d'annuler les traités de 1815 et de reconstituer l'Europe sur une base démocratique.

Nous connaissons, tous, toute la pensée de l'Empereur, par le récent discours prononcé à Auxerre, où il est dit : « Qu'il déteste autant que la grande majorité des Français ces traités, dont le droit ancien veut faire aujourd'hui l'unique base de notre politique extérieure. »

Eh bien, en voyant les armements se faire par toutes les puissances européennes, on peut dire que leur attitude est à la guerre ; c'est un vrai cliquetis d'armes prêtes à s'entrechoquer sur tout le continent ; et cependant aucune ne veut attaquer, commencer le choc, déclarant toutes conserver une neutralité complète et loyale, que l'on accepterait, certes, avec autant de loyauté, si on ne savait ce que valent ces déclarations de la part de quelques-unes. En effet, en 1859, ne vit-on pas l'Autriche faire semblable déclaration, la main sur la conscience, et puis, presque au moment même, à la sourdine, se *ruer* sur l'Italie, qui aurait été incontestablement écrasée sans le concours de la France.

L'ardeur belliqueuse et sublime du grand patriote italien, du magnanime Garibaldi, ne suffit pas pour poser les assises gouvernementales d'un peuple, solides et durables, il faut encore la modération démocratique d'un Victor-Emmanuel, comme celle d'un Napoléon III, sachant à propos saisir le mouvement des nationalités, appuyé de leur esprit national, pour récolter, au profit de la grande émancipation sociale, le fruit du sang versé par les martyrs de la démocratie, tombés sur les champs de bataille, de même dans les révolutions.

Si le drapeau de la France représente partout la civilisation et le progrès, l'Empereur sait qu'il est soutenu par une population de dix millions d'électeurs, dont on pourrait, au besoin, armer et enrégimenter deux millions , et mobiliser une grande partie des six autres pour la défense du pays. Que l'Europe autocratique le sache aussi.

Citons à présent les innombrables travaux d'utilité publique exécutés pendant cette période de quinze années, sans compter ceux en cours d'exécution. Le territoire est sillonné de voies ferrées, de stations télégraphiques, de routes, de chemins vicinaux, de canaux, de lignes de paquebots transatlantiques, qui ont donné un développement immense à la prospérité tant mobilière qu'immobilière de la France, au point de la faire augmenter, depuis ce laps de temps, de plus de deux milliards.

Le gouvernement emploie aussi tous ses efforts pour faire répandre dans les masses populaires l'instruction qui doit surtout, dans les campagnes, faire prévaloir le mouvement caractéristique de notre époque : celui qui tend à élever le niveau de capacité et de bien-être de toute société laborieuse. Et la preuve la plus convaincante est dans les réformes de tous genres opérées dans l'enseignement de la jeunesse, par le célèbre et illustre ministre de l'instruction publique M. Duruy, qui, par une récente circulaire aux préfets, recommandait et instituait des concours cantonaux d'arrondissements et de départements. pour les élèves de l'école primaire secondaire, afin de stimuler leur émulation et le zèle des maîtres, en accordant des prix aux lauréats ayant concouru au canton, puis au chef-lieu d'arrondissement, et enfin au chef-lieu du département, comme cela se pratique depuis quelques années pour les lycées et collèges de toute la France, au grand concours de Paris.

« Notre grande œuvre, dit ce célèbre ministre, est en ce moment « l'instruction du peuple ; voyez la large part que les questions de « l'enseignement populaire, sous toutes les formes, prennent aujourd'hui dans les préoccupations de l'Empereur, des grands corps « de l'Etat et du pays tout entier.

« C'est à nous que revient l'honneur de donner satisfaction à ce
« besoin impérieux.

« Portons de ce côté tous nos efforts, et employons à cette grande
« œuvre tout ce que nous avons d'intelligence, d'activité et de
« dévouement. »

Tout récemment encore, à l'occasion de la distribution des prix
au grand concours général, à la Sorbonne, Son Excellence, dans son
sublime discours aux élèves, disait : « Quand la démocratie coule à
« pleins bords, c'est l'instruction qu'il faut verser à flots pressés
« dans ce large et pressant courant, si l'on veut en purifier les eaux
« et les rendre fécondes, etc... Il faut que le peuple s'élève dans
« l'ordre moral, puisque la constitution le fait monter dans l'ordre
« politique. » Il est impossible de mieux dire et faire.

*
* *

Le suffrage universel a cela de bon et de particulier d'abord, qu'il
dégage beaucoup d'influences locales, et permet au gouvernement
plus que jamais de n'accorder les faveurs d'avancements dans toutes
les branches administratives, civiles et militaires, qu'au mérite. Ensuite, les grands propriétaires et les grandes capacités intellectuelles
qui veulent briguer les suffrages des masses, pour les hautes posi-
tions honorifiques émanant de l'élection, sont obligés, pour ac-
quérir la sympathie des populations, d'apporter tout leur zèle, toute
leur intelligence et leur dévouement à la cause commune, pour le
bien-être général.

C'est pour cela que notre gouvernement, issu du suffrage universel, conduit avec une sage liberté par des hommes éminents, tous
tirés de la pépinière des sciences et des lettres, sans distinction
d'origine, par le seul mérite du talent, est le gouvernement le plus
démocratique que la France n'ait jamais possédé. Et ce que nous
disons est si vrai, que si, dans les départements, un fonctionnaire
public important, de quelle que soit une administration, s'oubliait au
point de ne pas remplir consciencieusement et loyalement sa mis-
sion, et que quelqu'un ait à se plaindre gravement de ses injustices,
tout de suite, vous entendrez dire au plaignant : j'en écrirai à
l'Empereur !... Ce cri d'indignation et cette confiance de recours à
Sa Majesté font le plus bel éloge de l'administration de son gouvernement; aussi vit-on jamais un chef d'Etat mettre autant d'em-
pressement à faire répondre aux exposés des placets qui lui sont
adressés par les citoyens de son Empire !

Notre main n'a jamais su tenir l'encensoir; c'est comme voyageur
de commerce, circulant d'un département dans un autre, causant

de ci, causant de ça, et en témoin qui voit de près, que nous sommes à même d'en parler sciemment.

* *

Quatre grands faits s'attachent à ce règne glorieux, dont la postérité lui sera reconnaissante , savoir : 1° L'alliance anglaise ; 2° La guerre d'Orient ; 3° La guerre d'Italie, et 4° le libre-échange protecteur. Aveugles seraient ceux qui nieraient les bienfaits que tirera l'humanité de ces grandes phases politiques au profit de son émancipation sociale.

* *

Si maintenant nous jetons les yeux sur la capitale, sur Paris, que voyons-nous ? une métamorphose complète dans les embellissements de tous genres, avec ses monuments, ses palais, etc., qui en font la plus belle cité de l'univers, et comme un grand et majestueux phare rayonnant sur les progrès de la démocratie universelle.

* *

Enfin, après cette courte revue rétrospective de toutes les belles et principales choses accomplies en si peu de temps, à la vue de tout le monde, dans l'intérêt général, estimons-nous heureux d'être gouvernés par un Souverain aussi généreux de sentiments populaires, et de même que le disait le grand Napoléon , si les blancs et les bleus ne veulent rien apprendre, ni jamais rien oublier, sachons, — nous, patriotes, — en signe de gratitude, accoutumer la génération nouvelle qui nous suit, à ne connaître d'autre forme de gouvernement que celle qui règne actuellement aux Tuileries, et qui sait si bien associer la grandeur de la France au dehors à la prospérité intérieure. A la dynastie des Napoléon !

C'est ainsi qu'avec le temps tous les partis s'annihileront dans un seul, et que la France, désormais, ne possédera plus dans son sein que des citoyens napoléoniens ne formant qu'une seule et même famille.

J.-M. DUBEUF.·.

Paris. — Typographie Walder, rue Bonaparte, 44.